『かみさまは小学5年生』が発売されてから、
早、5年の月日が経った。
あれ以来、この星では、
戦争や経済不安、
それに環境問題の加速など
はっきり言ってたくさんの災いが起こった。

その本の担当編集である僕は、
不思議でしょうがなかった。
かみさまの代弁者が現れ、
そして、この星のみんなに向けた
幸せへのメッセージを届けてくれたのに、
それでもこの星が混迷を極めたことに。

そこで僕は、その理由を確かめるべく、
すみれちゃんに
メッセージを送るのだった。

「この星では今、
何が起こってるの？」

と。

すると、後日すみれちゃんから、
一通の手紙が届いた。

ここ数年、この世界ではいろんなことがあった。
「なぜこんなことが起こるんだろう」
「どうしてこんなことになるんだろう」と
思う出来事も多かった。
あるかみさまに聴いてみたことがある。
「今の世界をどう感じますか？」と。
そのかみさまはこう言っていた。
「一人一人が生き方を大切にする時が来たんだと思うよ」と。

そして、こんなことも言っていた。
「世界でいろんな事が起こっている時こそ、自分の生き方に向き合う時なんだ」と。

私はこのメッセージに向き合って考えてみた。

この世界ではいろんなことが起こる
だから混乱したり、不安になったりすることも多い。
そしてその不安になったり混乱している時、
自分が「こうする」「こう生きる」という『自分の生き方』
というよりも、

「いつの間にかこう生きていた」という感じになっていることはないだろうか。

世界でいろんなことが起こっていると、世界ばかりに目がいき、世界の時計の針ばかりに目がいく。
そしてその瞬間、自分の人生の時計の針も動いていることを忘れてしまう。

世界に目を向けたり、意識を向けたりすることはもちろん大切で必要なこと。
でも、世界の問題ばかりに目や意識がいきすぎて

いつの間にか宝物を無駄にしてしまうこともある
かもしれない。
その宝物とは、人生の時間のこと。
人生の一瞬一瞬のこと。
つねに人は、その宝物である人生の時間を使いながら
生きている。
自分が選んだ生き方をしている時も、
「いつの間にかこんな生き方をしていた」という時も、
どちらであっても宝物を使っている。

人生という大切な宝物を自分はどんなふうに、
どんなところに使いたいのか。

いろんなことがある今だからこそ、いろんなことが起こる
この世界だからこそ、「自分はどう生きるか」を大切に。
簡単ではないかもしれないし、難しいことかもしれないけれど、
今世は一度きりだから。

でもこれだけを聴くと「自分のためだけじゃないか」と
感じるかもしれないけれど、
自分の人生に向き合うことは、

自分のためだけではない。
一人一人が自分の生き方に向き合って大切にしていくことで、
この世界も変わっていく。
なぜならこの世界は、一人一人の生き方でつくられていくから。
もしかしたら、「自分の生き方が世界をつくったり、変えたりする」
だなんて思わないかもしれない
『世界』と言うとすごく大きいものを想像するかもしれない
けれど、『世界』というのは、身近なものだと私は思う。
だって、自分も世界というものの一部だから。

だから「自分の生き方に向き合い大切にする」という変化は、
その人だけの変化ではなく、この世界の変化でもある。
遠くから広い目線でこの世界全体を見たら、
たしかにその変化は小さなものかもしれない。
でも、小さいからと言って、力がないわけではない。
小さな変化は、大きな変化のはじまりです。
一人一人の生き方が世界をつくり、
この世界に少しずつ変化を起こす。

すみれちゃんがこの手紙で
伝えたかったこと。
それを一言でまとめるなら、
きっとこうだ。

**「この地球が未来で
どうなるかより、
あなたが未来で
どうしたいかのほうが大切だよ」**

きっと僕たちは今、向き合わされている。
どう今世を生きるかを。

そして、その一人一人の生きる力が、
この地球の新しい予言をつくるのだろう。
そう、この地球がより良い方向に
向かっていく予言を。

すみれちゃんの言葉を借りるなら、
小さな一人が集まって
できあがる、この大きな世界。
そう考えると、
小さなあなたは
この大きな世界の始まりなのだから。

この本は、少しでも
今世を生き切りたいと願う人へ向けた、
かみさまとお話しできる女の子からの
ラストメッセージである。

きっと、書かれた言葉一つ一つが
あなたの笑顔に溢れた
新しい明日をつくるだろう。

悲しみに溢れた予言が、
彼女の言葉によって一つでも
書き換えられることを願っている。

もくじ

この地球の未来日記❶

僕たちの地球はこれからどこへ向かうのか？

より良い未来をつくるために、僕たちに何ができるか？

この地球の未来日記❸

一度きりの人生において、経験しておいたほうが良いこと

すみれについて

誕生日 2007年3月5日

性別 女性

血液型 O型

星座 魚座

家族構成 父、母、兄、私

性格 しっかり者だけど甘えん坊

好きな食べ物 ピザ（特に、マルゲリータ）

嫌いな食べ物 ピーマン、パプリカ

得意なこと 歌を歌うこと

好きな色 紫

お話できる相手

人間、かみさま、天使、
妖精、宇宙人、
薄い人（幽霊）、
おなかの中のあかちゃん、
石や物……など

できること

オーラを見る、
前世を見る、
魂の声を聴く
……など

できないこと

物を浮かしたり、
透視したり
超能力みたいなこと

まは2年生

すみれ――著

かみさ
高校

生きるって、それだけですごいこと

「生まれる」ってすごいこと。
「生きる」ってすごいこと。
「生き続ける」ってすごいこと。

それをしているみんなは本当にすごい。

生まれること、
生きること、
生き続けること。
それは当たり前にできることではないと思う。

生まれることや生きること、
生き続けることが、
「当たり前だ」と感じる人もいるかもしれないし、
当たり前にやってきた人もいるかもしれない。

でも、実はとってもすごいことなんだ。

たくさんの努力をして生まれて、
知らないことがたくさんある中で生きて、
正解も答えもない中で、
「生きる」ということを続けていく。

それは本当にすごいこと。

「今日を生きた」
それはとても大きなことなんです。

生まれた自分。
生きた自分。
生きている自分。
生き続けた自分。
生き続けている自分。

そんなたくさんの自分に氣づいてあげて。

生きるって、それだけですごいこと。

どんな未来だってつくれる！

どんな未来だってつくれるよ。

自分の未来も、
この世界の未来も。

限界という大きな壁を
感じることもあるかもしれないけれど、
一人一人が持っている力は、
一人一人が持っている可能性は、
その限界の壁を

はるかに超えたところまで広がってる。

未来をつくる力。
未来をつくっていける力。
一人一人、みんな持ってるよ。

覚えておいて。

みんな、未来をつくっていける
存在だということを。

今世には一度きりのものだらけ！

「生まれ変われるけど、今世は一度きり」

何年か前の私がそう言っていた。

今の私からも伝えたい。

今世は、一度きりです。

今世のあなたになれるのも一度きり。

今世のあなたを幸せにしてあげられるのも、

今世のあなたを愛してあげられるのも、
今世のあなたの傷を手当てしてあげられるのも、
今世のあなたに寄り添ってあげられるのも、
今世のあなたに優しさをあげられるのも、
今世だけ。

今世のあなたを想うことは
生まれ変わってもできるかもしれないけれど、
直接触れられるのは、今世しかない。

そしてそれだけではなくて、
今世のあなたが「大切だ」と感じるものを
生まれ変わった人生で
「大切」と感じることができるかも分からない。

今世のあなたが好きなものを、
生まれ変わった人生で
好きになれるかも分からない。

その時は違うものを
「大切」と感じるかもしれないし、
違うものを好きになるかもしれない。

今世のあなたとは、
好みも全く違う場合もある。

そしてそもそも、今の大切なものや好きなものに
生まれ変わってもまた出逢えるかすら分からない。

それってどういうことか分かる？

今世大切なものは、
今世でしか大切にできないかもしれないってこと。
今世好きなものは、
今世でしかおもいっきり
感じられない可能性もあるってこと。

さっき言ったように、想うことはできても、
直接感じたり、直接触れたりすることは今しかできない。

私が、「今世は一度きり」と何回も伝えるのは、
今世には、「一度きりのもの」がたくさんあるから。

自分とか、
大切なものとか、
好きなものとか、
大切な存在とか、
愛する存在とか、
出逢いとか、
今の時代とか、
今の世界とか。
今世には一度きりのものだらけ！

いろんなものが、
「あの時だけだった」
「あの人生だけだった」

となることがある。
だから、今の私からも伝えます。
何度生まれ変われたとしても、
今世は一度きりだよ。

一人一人が「ただの」人ではない

ある生まれる前の魂が、
命を見て「きれい」と言った。
「輝いてる」と言った。

命は、言葉ではあらわせられないほどすごいもの。
たくさんの奇跡の中で生まれ、
たくさんの奇跡を起こしながら生きる。
輝きながら、輝かせながら。

そんな命が一人一人の中にあるということ、

一人一人が命ある存在だということ、
自分も命ある存在だということ、
そのことを時に忘れてしまうことがある。

一人一人が「ただの存在」ではない。
「ただの人」でも、「ただの人間」でもない。
命ある、大切な存在です。

自分を抱きしめてみて。
その触れている命、その抱きしめている命、大切な命です。

忘れないで。
忘れずに大切にしてあげて。
大切な存在だから。

みんな同じで、みんな違う

みんな、違う形。
みんな、唯一無二。

「同じでなきゃいけない」と感じて苦しまなくていいし、
「唯一無二でない」と感じて苦しまなくてもいい。
同じでなければいけないなんてことはない。

そして、誰もが唯一無二。

もちろん、同じでありたかったら

そうあってもいい。
でも、同じであったとしても、
それぞれが唯一無二であることは変わらない。

だって、みんな同じ命だけど、
みんなそれぞれでしょ。

同じものだとしても、
みんなそれぞれ唯一無二のものです。
みんな違うから、
この世界はいろんな美しさで輝いている。

みんな唯一無二だから、
この世界はいろんな光で溢れている。

ある魂を助けた、優しさのパン

優しさや愛。

それは、どんな時代にも必要で、とても大切なもの。

この世界の中には、

「優しさや愛だけではどうにもならない」

と感じる人もいるかもしれない。

たしかに、大切なものも必要なものも
優しさや愛のほかにたくさんある。


でも、だからこそ覚えていてほしい。

この世界にも、この世界の命にも、
優しさや愛が必要だってことを。

ある存在がこんなことを
話してくれたことがある。

「私はある人生を生きていた時、
一つの優しさに救われた。
その人生を生きている時の私は、
家もなく、
独りで、
食べるものを探す毎日で、
明日、自分は生きられているだろうかと

何度も思いながら生きてた。
ある時、具合が悪くて食べるものを
探すことができない時があった。
そしたら、ある人が一つのパンをくれた。

その時、私はその人生で
はじめて優しさというものに触れた。
そしてその優しさのおかげで
その日を生きることができた。
パンという一つの『物』が
私を救ってくれたと言われれば
そうかもしれない。

でも、私自身を救ってくれたのは、

その一つの物の先にある、
『優しさ』だった。

『優しさだけではどうにもならない』という人もいる。
お金とか食べものとかお家とか、
優しさや愛以外にも大切なものや
必要なものはたしかにある。

その人生で私は、
お金も食べるものも家もなかったから、
それらのものがどれほど大切で必要かは
その人生ですごく感じた。

でも、お金も食べものも家もなかったその人生で、

私は優しさに救われ、
優しさの大きさと、その温かさを学んだ。

他の人から見たらただのパンだったと思う。
でも私がそのたった一つのパンに
これほどまでに救われたのは、
そこにたしかな優しさがあったから」

優しさや愛。
それはとてもシンプルなもの。
でもそのシンプルなものが
たくさんのものを生んでいる。

誰かや何かを想う心だったり、

想う先にある行動だったり。
そしてその行動が、
誰かを救うこともあるかもしれない。
誰かを温めるかもしれない。

世界がまたすこし明るくなるかもしれない。

一つのパンに
誰かを救うほどの大きな力があったのは、
そこに優しさがあったから。

優しさや愛は、
全ての命の中にある。
みんな本当は、優しさも愛も持っています。

それをしまったままにするのかどうか。

無理にみんなに優しくしたり、
無理に愛を出したりしなさいと言っているわけではない。
「できそう」と感じた時でいい。

優しさや愛を「出せそう」と感じた時、
優しさや愛を「贈れそう」と感じた時にそうしてみて。

一人一人の優しさや愛は、
この世界を明るくし、温める力がある。

そして誰かの優しさや愛が、

また誰かの優しさや愛を生む。
それを優しさや愛の持ち主である、
あなたに知っていてほしい。

僕たちの地球はこれからどこへ向かうのか？

「地球が滅亡するって本当？」「戦争は解決するの？」など、多くの人が今まさに心配しているこの星の未来のことを、担当編集者がすみれちゃんに聞いてみました。

――すみれちゃん、お久しぶりです。『かみさまは小学5年生』が発売されてから、なんと5年もの月日が流れました。時間が経つのって早いね……。すみれちゃんは、何歳になったの？

すみれ　16歳。高校2年生になったよ。

――もう高校生！　びっくり。……お勉強はどうですか。

すみれ　えっとー……、

好きじゃない。というか苦手。

――そ、そっか。得意教科は？

すみれ 得意な教科ね……。

あるのかないのか。うーん。

――う、うん、この話はやめよう（笑）。

ところで、小学5年生の頃は、生まれる前の記憶を持つ女の子として、この世のしくみや、見えない存在のことを聞かせてくれたわけだけど、今もその記憶は残ってるのかな？

すみれ うん、残ってる。というより、「生まれた後」の記憶との区別があるわけではなくて。

だから、常に頭の中にあるというより、思い出と一緒で、何かの拍子に思い出したり、会話の中で記憶が蘇ったり、そんな感じかな。

――確かに記憶って存在しているはずなのに、意識的には思い出せないもんね。ふと記憶が思い起こされることってある。

すみれ そうそう。それもあって、「生まれる前の記憶」と「生まれた後の記憶」

でどちらのほうが特別というのはないんだよね。

——誰だって、3歳の記憶と10歳の記憶、どちらが特別なんてないもんね。そういう意味で、生まれる前の記憶だって、それと同じ。じゃあ、話は変わって、かみさまはどうかな？　今でも話しかけてくるの？

すみれ　相変わらず（笑）。今、この瞬間も、かみさまが話しかけてきてる。

——え！　この瞬間も！　緊張するなぁ。どういうタイミングで話しかけてくるっていう法則性はあるのかな？

すみれ　なんにもない。朝昼夜関係なく「ねえねえ」って話しかけてくる。逆にこっちから話しかけることもあるし。あとは私が誰かと話している時に会話に入ってくることもあるかな。

——蒸し返すようで悪いんだけど、ちなみにかみさまは、すみれちゃんの勉強のことについてはなんて言ってるの（笑）？

すみれ　いろんなかみさまがいるから、みんな言ってくれることが違うんだよね。だから、「自由にやりな」って言ってくれるかみさまもいるし、「学校で学ぶ国語や数学だけが勉強じゃない。人と出逢うとか、何かを経験することとか、それも勉強なんだよ」って言ってくれるかみさまもいる。

——すごい。かみさまって、そんなことまで言ってくれるんだ。ちなみに今、どれくらいのかみさまとおしゃべりしてるの？

すみれ 分からない。というか、把握できないくらいたくさんのかみさまと。知っているかみさまに話しかけられることもあるし、初めましてのかみさまもたくさんいる。

——すみれちゃんでも、まだ会ったことのないかみさまや話したことのないかみさまがいるんだね！

すみれ うん、例えば、まだ行ったことのない神社に行くと、話したことのないかみさまだらけだよ！

——じゃあ、そんな数えきれないかみさまからメッセージがやってくるすみれちゃんに質問です。最近、かみさまのメッセージに変化を感じることってある？言い方が強くなったポイントとかでもいいんだけど。

すみれ　うーん、細かいことで言うと変わるんだけど、根本的な部分はあまり変わらないかな。

――変わらない部分っていうのは？

すみれ　「今世は一度きりだよ」とか、「生きてるってすごいことなんだよ」って。もうそれはずっと変わらない。

――まさに5年前からその部分は、ずーっと変わらずに伝えてくれている部分だよね。

ただね、今、この地球に住んでいる人たちは、世界全体に対して今まで以上に不安を抱えながら生きていると思うんだよね。騒がしいことがたくさん起きてるから。

例えば、「地震が来る」という予言があったり、「戦争」も起きてしまったり。経済不安だってある。そして環境にも、明らかな変化が起きてる。もう夏なんて、暑すぎて外に出られなくなってる。

こういった地球の騒がしさについてかみさまはなんて言ってるのかなって。

それこそ、「これから戦争が起こるよ」とか、「これからこんな天変地異があるよ」って。そんな予言めいたことを言われることもあったら教えてほしいんだよね。

すみれ　そんな予言を言うかみさまもいるかもしれないけど、私自身は聞かないかな。

というより、そういった予言を伝えることは私の役目でもないと思ってる。

――役目じゃないというのは？

すみれ　私自身は、かみさまからのメッセージを伝えることで、みんなの不安を煽りたいわけじゃない。そんなことを、かみさまや見えない存在も分かってくれているから、私には言ってこないんだと思う。私はただ、かみさまのメッセージを伝えることで、誰かや何かのきっかけになりたい。喜びとか、幸せとか、変化とか、生きるきっかけに。

――そっか、そんなすみれちゃんにとって、いわゆる予言というものは意味のないものなんだね。

すみれ　うん、予言よりも大事なことをかみさまは言ってくれるんだけどね。それが、

「この世界にいる一人一人がこの世界をつくっていける、変えていける」

っていうメッセージ。

――なるほど、僕たち次第だと。でもさ、戦争や経済については確かにそうかもしれない。人間の努力次第で、未来はつくっていける可能性はある。だけど、地震みたいに自然の脅威についてはどうだろう？

僕たちじゃ、どうしようもない部分もあるんじゃないかな？

すみれ　うん、どうにもできないこともこの世界にはあるよね。

だけど、そんなことについてもかみさまたちが言うのは、

「抗えない自然の変化はあるかもしれない。だけど、その変化が起きた後、どう生きるかは人間たちが決められることだ」ってこと。

大変な時こそ、「自分の生き方を大切にしてほしい」って。そんなメッセージをよくもらうよ。

例えば、地震が起きてしまうことはしょうがない。だけど、その後、大切なものを奪い合う争いになることもありえるし、逆に、みんなで支え合う未来だってある。争うのか、手を取り合うのか。それは人間次第。人間が選べること。

――かみさま、すごい。本当、その通りだね。そして、だとしたら、手を取り合いたいよ。争うのは嫌だ。

だけどね、すみれちゃん、この世界には世にも面倒臭いルールがあってさ。

例えばそれは「国境」だったり、「政治的な問題」だったり、あと「人種」のことなんかもそう。簡単に手を取り合えるような状況じゃないことも現実なんだよね。

あと「言葉の壁」だってあるし。

すみれ　うん、簡単じゃないのも分かってる。だけどね、かみさまは言ってるよ。

「違いっていうのは間違いじゃないんだよ」って。

「違い」って「違う」って書くけど、だけどそれは決して「間違いではない」って。

だから誰かと誰かが違うからと言って、こっちが間違ってるわけでも、あっちが間違ってるわけでもない。

もちろん、理由は様々で、簡単に手を取り合えないのはしょうがない。歴史的な背景などの理由があるだろうし。

それでもかみさまは言ってる。「わざわざ攻撃する必要はないんだよ」って。「『相手と自分は違うんだな。でも、それは間違いではないんだな』でいいんだよ」って。

――さすがかみさま。これはもう全世界の人に届けたいメッセージです。

すみれ これって、戦争に限ったことじゃなくてね。「人間関係」でも同じことが言えると思ってる。

「あ、この人受け入れられないかも」って思うのはOKで、その気持ちは大切。だけど、だからと言って、わざわざその相手を攻撃したり、否定したりするのはダメ。

――そんな時こそ合言葉。「違うだけで、間違いじゃない」だね。

すみれ うん。「あ、受け入れられない」と思ったら、「違うんだな」で、攻撃する前に離れちゃうでいいから。

ちなみに、かみさまからは、「人と離れることは悪いことじゃないよ」ってメッセージも来てる。とにかく大切なのは、「あ、間違ってるんじゃなくて、違うんだな」で終わらせること。

――そんなふうに考えたら、全部にマルがつけられそうだね！

すみれ うん。もっと言えば、間違いとか、正しいとか、マルとかバツとかですらない。本当の正解は、その真ん中にいる感じ。

――白でも黒でもなくて、その真ん中。

すみれ あの国とあの国のどちらが正解で、どちらが間違いでもなくて、その真ん中に答えはある。あの人とあの人のどちらが正解で間違いでもなくて、その真ん中に答えはある。

何が正解で何が不正解って、評価をつけることが必要なこともしかしたらあるかもしれない。だけど、この世界にはそれ以外にもたくさん答えがあるから。

――確かにある場所で正解だったものが、ある場所では不正解になることってこの世界にはたくさんあるもんね。

ありがとう、すごく優しい気持ちになれた気がする。

誰かに美味しい料理を作るためにナイフを使うことと、
誰かを傷つけるためにナイフを使うこと。

こんなふうに同じ「ナイフ」でも使い方次第で、
それは愛を生む道具にも
憎しみを生む道具にもできてしまう。

すみれちゃんの言葉を聞きながら、
これって「自分」というのも同じだと気がついた。

同じ「自分」でも
その自分をどう生きてあげるかで、
愛を生む存在にも
憎しみを生む存在にも
できてしまうから。

「愛」を生むのは生き方次第だ。
だからこそ、一つでも多くの愛が未来であふれますように。

自分で自分は救える

あなたは今まで自分に
どんなことを教えてきた？
自分って、自分の言葉をよく聴いてる。
だから覚えるんだ。

「あ、そうなんだ」って。

例えば、「私は特別じゃない」って自分に言ったら、
「あ、そうなんだ」って覚える。

そして人って賢いから、
教えてもらった自分になろうとするんだ。

「私は特別じゃない」と教えたら、
特別じゃない人になろうとしたり、
「私にはできない」と教えたら、
できない人になろうとしたり。

普段あなたはどんなことを自分に教えてる？
どんなことも教えられるよ。

さっき言ってたことの逆で、
「私は特別」とか、
「私はできる」とか。

そんなことも自分に教えてあげることができる。

だからある意味、うまく使うことができたら
自分で自分を
羽ばたかせてあげることもできる。

自分のことを「特別な存在だ」と教えるのか、
「特別じゃない存在だ」と教えるのか、
「できる存在だ」と教えるのか、
「できない存在だ」と教えるのか。

それによってあなたの未来の姿は変わってくる。

あなたの言葉を、
「自分」という存在は全て聴いている。
そして学んでいるんだ。
自分がどんな存在なのかをね。

泣きたい時に泣くから、笑いたい時に笑える

泣きたかったら、泣いてください！
笑いたかったら、笑ってください！

とてもシンプルなことだけど、とても大切なこと。

なぜならそれは、「泣きたい」という自分の心に、
「いいよ」と言ってあげることだから。

「笑いたい」という自分の心に、
素直に「笑っていいよ」と言ってあげることだから。

泣きたかったら、泣いていい。
笑いたかったら、笑っていい。

生きているから、
いっぱい泣きたくなることもあるかもしれない。

そんな時は自分に、
「素直になってもいい」ということを教えてあげて。

素直に泣いていいし、素直に笑っていい。

泣きたい時に泣くから、
笑いたい時におもいっきり笑うことができる。

泣きたい時に泣いてください。
笑いたい時に、たっぷり笑うためにね。

「がんばってるね」って自分に言ってあげて

氣づいたことある？
自分のがんばりに、
自分ががんばっていることに。

自分って、一番近くにいるけど、
一番見えづらい存在。

でもだからこそ、心を向けてあげることが
大切な存在でもある。

なぜ心を向けてあげることが大切だと思う？
氣づけないから。
いろんなことに。

心を向けなきゃ、がんばりにも氣づけない。
氣づけなかったら、
「がんばったね」って言ってあげられない。

生きていると、がんばることは
当たり前になるのかもしれない。

たしかに、がんばることが
求められることはあるし、
がんばることが必要な時もある。

でもだからって、がんばれることを
当たり前にしなくてもいい。

「当たり前だから」って、
自分のがんばりを無視しなくたっていい。

ただ氣づいて、その氣づきを
自分自身に伝えてあげる。
それが大切。

「がんばったね」って伝えてあげて。
「氣づいたよ」って教えてあげて。
自分自身に。

一緒に泣く人、一緒に笑う人

この世界は、
どこかで誰かが笑っていて、
どこかで誰かが泣いている。
そういう世界です。

でも、どこかの誰かが泣いていることで、
共に泣く人がいる。
どこかの誰かが笑っていることで、
笑顔になる人がいる。
この世界は、そういう世界だ。

見えない傷にも気づいてあげて

生きていると、見える傷より遥かに多く、
見えない傷がつくことがある。

傷は目では見えなくて、
痛いのに怪我もなく、痛いのに傷もない。
痛いのに、痛みが見えない。
だから一見、大丈夫に見える。

でも、見えなくてもちゃんと痛みがある。
見えないところで痛がってる。

だから、見えない傷にも、手当てが必要です。

そのためにはまず、自分自身が
氣づいてあげることが大切。

見えない傷に一番氣づいてあげることができるのは、
自分自身だから。

見えないからと言って、
傷がないわけでも、怪我をしていないわけでもない。
ちゃんとその傷に合った
手当てをしてあげる必要がある。

見えないからこそ、氣づいてあげて。
見えない傷を見つけてあげて。
その傷を手当てしてあげられるように。

「自分なんか」で収まる命なんていない

「自分なんかができるわけない」

そんなふうに、
「自分なんか」「私なんか」
って思ったことのある人や、
実際に言ったことのある人は、
少なくないのかもしれない。

あるかみさまが言ってた。

「『自分なんか』で収まる命なんていない」って。

みんな本当はすごいものをたくさん持っていて、
可能性もたくさんあって、
どこまでも羽ばたけて、どこまでも輝ける。

本当に一人一人が特別な存在。

自分で自分を箱の中に押し込んで、
収めることが幸せならそれでもいい。

だけど、もしそうじゃないなら、
「自分なんか」というその言葉で、
自分を箱に押し込み、収め、鍵をかけ、

閉じ込めようとしないで。

「自分なんか」というその言葉で、
自分を終わらせようとしないで。

本当は、「自分なんか」で収まる命はない。
一人一人が特別な存在だから。

「同じ特別」じゃなくて、
それぞれが「唯一無二の特別」だから。

みんな大きなパワーを持っている

安心するために、勇氣づけるために、

「大丈夫」

「きっと大丈夫」

「うまくいく」

って言ったりするよね。

その「大丈夫」はきっと、
根拠のないことが多いと思う。

本当に「大丈夫」だと証明はできなくて、

「大丈夫」な証拠もない。

でもね、「大丈夫」とか「うまくいく」とか、
たしかに根拠も証拠もないし、
証明も難しいかもしれないけれど、
それは時に誰かの中で、
ものすごく大きな力になることがある。

根拠もなくて、
証拠もなくて、
証明も難しいものなのに、
その中に大きな力が生まれる。

それが命の、

そして、人の力なのかもしれない。

根拠も証拠もないけれど、
そこには命の力がある。

根拠がなくても、
証拠がなくても、
証明ができなくても、
時に誰かの中で
大きな力になれるほどのパワーがある。

それが、命が生み出す力だ。

より良い未来をつくるために、僕たちに何ができるか？

「私たちはこの世界をつくることができる」
そう教えてくれたすみれちゃんに、だとすれば、
どうすれば世界をつくっていけるのかについて迫りました。

――先ほどはかみさまからのメッセージである、

「この世界にいる一人一人がこの世界をつくっていける、変えていける」

という言葉を教えてくれてありがとう。この言葉だけでも、これからの希望をもらった気がする。

それでね、だとするとさらに聞いてみたいのが、より良い未来をつくっていくために、
僕たちは今、何ができるかってこと。

そのために漠然と、僕たちがそれぞれ持っていると言われる魂を輝かせる必要があるのかなって思うんだけど、どうかな？

すみれ　うーん、半分正解で、半分不正解って感じかな。

――おお、これは面白そうな話が聞けそうだね（笑）。よろしくお願いします。

じゃあ、すみれちゃんに質問なんだけど、そもそも「魂」ってなんだろう？「魂を輝かせたい！」とか言っておいて、あれだけど……。

すみれ　空の上の世界にいる時の自分の姿って言うと分かりやすいかな？肉体を手にいれる前の自分の姿って言ってもいいかもしれない。

――天国にいる時の自分と言ってもいいかな？

すみれ　うんうん、それも合ってる！

――そんな魂が、自分の肉体の中に入っているってことでいいんだよね？

すみれ　その表現はすごく難しくて……、体の中にもいるんだけど、体の外にもいる。

魂の視点で言うと、体の中も外も境界線がないんだよね。

——見えない存在だからこそ、たった一つの物質にとどまっているってことがない感じかな？

すみれ　そうそう。

——魂って、やっぱり無敵感がすごいね。

じゃあさ、「魂の通りに生きていくと、より良い人生がやってくる」ってことがよく言われるんだけど、これは本当？

すみれ　ここが半分正解で、半分不正解って言った部分。

魂を輝かせたほうがいいことは間違いない。そうすれば、確かにうまくいくことや、より良い未来に繋がることがあると思う。

だけどね、魂の望み通りに生きることは結構、危険で……。

——え、危険？

すみれ　うん、私たちは肉体を持っている存在でしょ？　ここが、ややこしいところで、肉体にとって辛いことや痛いことが、魂にとっては痛くないみたいなことがある。

——物質として存在してないからね。

すみれ　うん、だから魂は肉体のことを無視しちゃうところがある。しょうがないよね、肉体を持った自分と魂とでは目線が違うから。肉体を持つ自分が何かで悩んでいても、魂としての自分はそのことに悩んでいなかったり、肉体を持つ自分が何かで苦しんでいても、魂は「経験できた！」って感じていたり。

——三次元の地球に生まれた僕たちだからこそ、「魂の言うことばかりを鵜呑みにしないことが大事」って意味かな？

すみれ　そうそう。魂も肉体も両方大事なの。だから、より良い人生にしていくために必要なことは、魂も肉体も輝かせることが大事ってこと！

——へえ、なるほどなあ。確かに、「魂」のことばかり気にして、「肉体」のことは無視してしまうことって多いかもしれないなあ。

すみれ　でね、その両方を輝かせるポイントが、「心地よさ」かな。

自分は何が心地いいのか。それを大切にしてあげると、魂も肉体も輝く。

「あっ、なんか今嬉しいかも」とか、「あっ、なんか今喜んでるかも」とか、あとは「あっ、なんか今すごく楽しいかも」とか、そんな喜び＝心地よさに敏感になることが大事とも言えるかな。


――「喜び」は魂と肉体が繋がっている交差点みたいな場所ってことなんだね！


すみれ　うん、生きているからこそ感じられることを喜んでいる魂ってすごく多いよ。

例えば、誰かに触れることもそうだし、誰かを愛することもそうだし、綺麗な景色を見ることもそうだし、美味しいものを食べるとかもそう。

そうやって肉体や命が喜ぶ時、魂も喜ぶ。


――すごい、魂の声を聞こうとか、かみさまはなんて言ってるのかなとか、そんなことを気にする前に、肉体が喜ぶこと、心地いいことをやる。

なんてシンプルな方法なんだ……。

すみれ　時々ね、この世を旅立った魂たちからメッセージをもらうことがあってね、魂たちは言ってるよ。

「生きているからこそ感じられることを、いっぱい感じてね！」

「命だからこそ感じられることがたくさんあるよ！　それを大切にね！」って。

――魂がそんなことを。だとすると逆に聞いてみたいことがあってね。魂が人生を終えてこの世を旅立つ時、後悔していることってなんだろう？

すみれ　いろんなメッセージがあるけど、多いのは、

「本当はやりたいことがあったはずなのに、自分以外の誰かの言った正しさや正解に従いすぎて生きてしまった……」

ってことかな。魂からしたら、命になることとか、人生を生きられることっていうのは、すごく魅力的なことだから。

魂たちはいつも言ってるよ。

「命は、存在してるだけで、すごく輝いてる！」って。

――命として存在しているだけで。

それこそじゃあ呼吸をできていることも……。

すみれ　魂としては、最高。

何かを持つとか、触れるとか、そんなことも最高。

生きてできることの一つ一つの行動が、魂にとっては夢のような世界。

――じゃあ、ノーベル賞を獲るとか、オリンピックで金メダルを獲るとか、そんな大きなことを成し遂げることにこだわらなくていいんだね。人生って。

すみれ　うん、もちろんそれができたら良い経験だと思うし、すごいことだと思う。だけど、魂からしてみたら、生きていることそのものがすごすぎることなんだよ。

だってね、魂ってこの世に生まれるために、あり得ないほどの努力をしてるの。

――え、例えばどんな努力かな。

すみれ　自分が生まれることができるお母さんやお父さん、家族を探して、お腹の中に入れるように、命になれるように、たくさんの準備をして、空の上から地球にやってきて、

お腹の中になんとか入って、
狭い狭いトンネルを抜けて、
それでようやく命になれる。

——確かに生まれられることって当たり前じゃないね……。

すみれ　そう、だから、お母さんのお腹の中に入れたことってすごい。
そして命になれたこともすごい。生まれられたこともすごい。
全ての中に努力があって、そして生まれた後、そんな努力がベースにある中で
生き続けてる。だから、生まれた後は、これがすごいとか、あれがすごいとか、
そんなことじゃない。
全部がすごい。毎日、毎分毎秒がすごい。

——なんだか、自分の存在自体が尊い気持ちになってくるね。

すみれ　だから魂たちは、今生きている「命たち」を見て、すごいなあって言ってる。みんな輝いてるって。

——スターを見るような感覚で（笑）？

すみれ　うんうん。本当に一人一人が主役。一人一人がみんな違った輝きをしていて、みんな唯一無二の輝き方で輝いていて、一人一人が魅力的。

——誰もが「人生」という映画の主人公なのかぁ。素敵だね。

でもね、とはいえ、そう思えない時もあるんだよね。

人生ってやっぱり、苦しい出来事や悲しい出来事がツキモノだから。

すみれ　うん、そうだよね。これも魂目線で見たら、やっぱり経験なんだけど、私たちはそう思えないよね。

——うん、やっぱり、「苦しみや悲しみも魂から見たら喜びですよ、経験ですよ」って言われても納得できない。

すみれ　そうそう。だからかみさまがそういう人に伝えてあげてねって言っているのは、「わざわざそこから無理に意味を見出さなくていいからね」ってことかな。

辛い時はたっぷり自分に向き合ってあげて、たっぷり優しさをあげる。辛い自分を置いてけぼりにしちゃダメだよって。

魂たちもよく言うのは、人生を卒業した後に、やっと意味があるものだって気づいた！　ってこと。

——苦しみや悲しみの理由を探すのは、人生が終わった後でもできる。それなら、今はとにかくこの肉体のままできることをやる。それが今しかできないことであり、生きるってことなんだね。

そして、それが良い未来をつくることに繋がってるんだよね！

かみさまはすみれちゃんに
よく言っているらしい。
「どう生きるかは自分で選びなさい」と。
そして、その選択が人生をつくるとも。

もちろんそう聞いたって、
きっと、未来の選択に迷うことがあるだろう。
本当にこれでいいのかと。
これは間違いじゃないかと。

しかし、そんな時はぜひ思い出してほしい。
すみれちゃんの言った、
「違いは間違いじゃない」という言葉を。

あなたが心から決めたことなら、
きっとそこには違いがあるだけで、
間違った選択なんてない。

どんな時でも忘れちゃいけないもの

大切なものはいっぱいある。
探せばどんどん出てくる。

でも、優しさとか、
想う心とか、
愛とか、
結局、忘れてはいけないものはシンプルだ。

「この世界や人生はそんな単純じゃない」
「そんなシンプルな世の中じゃない」

って感じる人もいるかもしれない。

たしかにそうだ。

でも、優しさとか、想う心とか、愛とかを
忘れてしまったら、
この世界や、この世界に生きる
命たちはどうなるだろう。

みんながそれを持たなくなってしまったら、
「そんなものでどうなる」
という言葉で片付けてしまったら、
きっと今より、多くの命が傷ついてしまい、
この世界は今より、

暗く冷たくなってしまう。

たしかにこの世界も、人生も、
複雑かもしれないし、
簡単なものではないと思う。

でもだからこそ、
そのシンプルで大切な部分を忘れないで。

誰も温かさを感じられない世界にならないように。
これ以上、暗く冷たい世界にならないように。

この世界のみんなが、
優しさや、

想う心や、
愛を感じたことのある
世界になるように。

失敗しないために生きてるの？

「失敗しない」
たしかに大切。

でもそれに氣をつけすぎて
何もできなくなっていたり、
本当にやりたいことすら
やれなくなっていたりしたら。

そして何よりそれが苦しくなっていたら、
変えてみることも大切かもしれない。

だって、失敗しないために
生きているの？

もし、失敗しないために
生きているのなら、
「何もしない」という選択は
合っているのかもしれない。

それなら失敗はしないから。

でもそうでないなら、
「失敗」を氣にして、やりたいことや、
やってみたいことを

自分から奪うのはもうやめて。

失敗が怖くてもいい。
怖いと感じてもいい。
失敗を恐れることは悪いことじゃないから。

これからもしやりたいことに出逢って、
それをやるか迷う理由が
「失敗しないかどうか」だった時は、
怖いと感じながらでもいいから、自分に聴いてみて。

「自分は、失敗しないために生きてるの？」って。
「そう生きたいの？」って。

どんな選択をしてもいい。
だからこそ、心から納得する選択をして。

苦しいだけの世界なんて絶対にないよ

この世界は広い。
とっても広い。

でも時に、この世界が
とても狭く感じることがある。

自分が今いる場所が
全世界に感じることがある。

特にそれを感じるのは、

自分が苦しい場所にいる時や、
辛いと感じる場所にいる時、
傷つく場所にいる時なんじゃないかと思う。

この世界は広くて、
広いからこそ、
この世界の中には
いくつものいろんな世界があるんだ。

だから、ある人が
「苦しい」
「辛い」
と感じる世界や、
ある人が傷ついてしまう世界もある。

悲しいけど、そういう世界もある。

もし、自分のいる場所が
そういう場所だとしたら、

「離れる」

「違う世界に行く」

という選択をすることも大切。

それができるのであれば。

ただその選択が難しい時は、
そこが全世界だと思わないことが大事。

潰されないで。

誰かを傷つける世界なんかに潰されないで。
自分を守ってあげて。
大切な自分を守る、勇氣を持って。

言葉や行動は武器にも薬にもなる

誰かの「これくらい」で、
誰かが傷つくことがある。

誰かの「ちょっとしたこと」で、
誰かが救われることがある。

知ってほしい。
持っている全てのものに力があること。

言葉や行動、

みんなの全てに力がある。

そしてそれは使い方によって、
誰かに傷をつくることも、誰かを救うこともできる。

だから、大切に使ってください。

乱暴に使うのではなく、大切に使って。
その力がどんな景色を生み出すか、
それはその力を持つ、一人一人次第だから。

みんなは命そのもの

命のすごさ。
命の尊さ。
命の美しさ。

それは、命であるみんなが一番感じることができる。

だって自分に手を当てれば、
そこで触れているのは、命なんだもん。
みんな、命にすぐ触れられる存在なんだもん。

命に触れてみたくて生まれてくる子がいるくらい、
美しく、
尊く、
魅力的で、
すごい命。

みんな、忘れてない？
自分もその命だということ。
すごくて、
尊くて、
美しくて、
とっても魅力的な命だよ。

大切にできるのは、大切にできる間だけ

もし、あなたにとって大切な人がいるなら、
大切にしたいと想える存在がいるなら、
大切にできる時に大切にしてね。

「大切にしたい」と想える存在と
出逢えることは当たり前のことではないし、
それはとてもすごいこと。

ぶつかってしまうことや、

お互いに笑顔ではいられない時も
あるかもしれないけれど、
それでも「大切」と想える存在なら、
「大切にしたい」と想える存在なら、
直接触れることができる間に、
直接大切にできる間に、
大切にしてね。

「ごめんね」よりも、
より多くの「ありがとう」を伝えられるように。

一度きりの人生において、経験しておいたほうが良いこと

誰がなんと言おうと、人生は一度きり。
だとすると、この一度しかないチャンスの中で、
一体、何をすべきで何をすべきではないのでしょうか？

——この肉体を思いっきり堪能すること。

それが生きるということ。

そんなことを教えてもらった今、なんだか世界が存在しているだけで輝かしいものに見えてきたよ（笑）。

でね、すみれちゃん。

せっかくこうしてこの肉体を手にいれられた僕たちが、この人生でこれだけは経験して

おくといいよっていうものはあるのかな？
もちろん生きているだけでもすごいことっていうのは大前提としてだけどね。
すみれ　うーん、それは人それぞれだから、一つに絞るのは難しいんだけど……、
かみさまがよく言っているのは、
「自分で何を経験するかをちゃんと選んでね」ってことかな。
自分が辛くなる選択をするのか、
それとも自分が幸せを感じる選択をするのか、
その一つ一つの選択で、一歩先の未来がすごく変わっていくんだよって。
どういう働き方をするのかとか、
人と接する時どんな自分でいるのかとか、
どんな言葉を選んで日常を過ごすのかとか、
どんな行動をするかとか、
その一つ一つが選択であり、

その一つ一つの選択が未来をつくる。

例えば、人とどう接するかで、その後に出逢う人も変わるし、出逢う人が変われば、人生にも大きな変化が起こるよね。

——放射線みたいに広がっていく「未来」。

だけど、その未来は「今」という最初のひと粒によって生まれる。

だとすると、「今」というこの瞬間にどんなひと粒を世界に放つのかが重要ってことだ。

すみれ そして、そのために大事なのが「何を選ぶか」ってことだね。

選ぶのは自分だから。

——最初のひと粒として、自分で選んだものは、本当は選びたくないものだとしたら……、「選びたくなかったという現実」がどんどん放射状に広がっていくだけってことになるもんね。

その未来で生まれる現実は、きっと選びたくなかった未来だ。

でもね、すみれちゃん。とはいえ……、

会社員をやっていると、なかなか自分が選びたいものだけを選んでいくのは、難しいわけですよ（笑）。

そういう時はどうしたらいいんだろうね。

すみれ　選びたいものを選べない時も大丈夫だよ。

大切なのは、自覚すること。

「選びたくないものを選んだ」と自覚していればそれでいい。

——そうか、選びたくないものではあるけれど、最後は自分の意思でそれを選んだと思えるなら、それは「自分が選択した」ってことから外れてないもんね！

すみれ　そう、結局、自分の人生だってことを忘れないことが大事。選択することができるのは自分だけってことを忘れないでほしい。

——人生の主導権を自分に、だね。

自分で選ぶことが大事なのだとしたら、逆に人生において、選ばないほうがいいことや、やらないほうがいいことって何かある？

すみれ　これも人によって違うけど、強いて言うのであれば、心地よくないものは選ばないってことかな。

前にお話しさせてもらった時に、「心地いいものを選んでね」って言ったよね。これは裏返すと、心地よくないものは選ばないでねってことでもあるから。自分にとって心地悪いものに、ちゃんと敏感になっていくことが生きていく上では大事。

――食べものもそうだし、着るものもそう。

自分の半径5メートルのこと全てがそうだよね。自分にとって心地よくないものは選ばない。

だけどね、これって前にも言ったことだけど、人ってほんとに他人の意見に左右されちゃう生き物なんだよね。

なかなか、自分の意見を大事にできない。

すみれ うん、それはそうだと思う。そんな時は、他人の意見を便利なものに変えてしまえばいいんだと思う。

だって、そうやっていろんな人のバラバラの意見があるから、何か新しいものを生み出せたり、違いが生み出せたりするんだもん。

そう考えると、他人の意見のおかげで、自分がどう思っているのかを鮮明にできるでしょ。

——そうか、意見の違いがあるから、自分の中の正解が浮き彫りになっていく。じゃあ、他人の意見に左右されちゃう時は、その意見のおかげで自分の心地いいものも、心地よくないものも知ることができるチャンス！　くらいに思っておけば、気持ちが楽かもしれないね。

そしてそれこそが、かみさまの言う、

「自分で何を経験するかをちゃんと選んでね」

っていうポイントにも繋げることができる！

すみれ　そう、「違い」っていうのは大きな可能性なの。

ほら、「違いは間違いじゃない」って言葉もあったでしょ。

——なんだか、これからはちゃんと人生を自分の意思で選んでいけそうな気がするよ！

ありがとう。

すみれちゃん、ちなみに日本人としてこれから生きていく上で、「こう生きなさい」っていうかみさまからのメッセージはあるかな？　例えば、かみさまから見て、日本人にしかできないことはこれだ！　みたいなポイントが教えてもらえるとすごく嬉しいんだけど。

すみれ　一言で言うと「思いやり」かな。

もちろん、日本人であるかどうかにかかわらず、世界中の人に思いやりは存在する。世界中の人みんな、思いやりは持ってる。

だけど、その国の人が持っている特有の「思いやり」があるから。

日本人だからこそ出せる「思いやり」があるから。

――日本人だからこそ発揮できる思いやりかぁ……。それって例えば、どんなものが挙げられるかな？

すみれ　他人を自分のことのように思える力みたいなことかな。

――知らない誰かだとしても困っていたら助けたいと思う気持ちだとか、落としものがあったら交番に届けたいと思う気持ちとか、そういうことだよね。

すみれ　そう、顔も知らない誰かの力になることが、日本人にはできる。

そんな思いやりを発揮してねってかみさまは言ってるよ。

――なんだか自分が日本人であることにも誇りが持てそうな気がする。素敵なお話をありがとう！

「未」だ「来」てない時間と書いて、「未来」。

きっと、未来が不安なのは、
こんなふうにまだ来ていないからだ。
手に掴めないものだからこそ、
不安になるわけである。
しかし、すみれちゃんはいつか言っていた。

「自由に描いてみて。
あなたの人生を、
未来という名の
真っ白なキャンパスに」と。

「未」だ「来」てない時間と書いて「未来」。
それは何も描いてないからこそ、
どうとでもなる希望のキャンパス
ということでもあるのだ。

最後に自分を決められるのは自分だけ

誰かが「ありのままでいいよ」と
言ってくれるまで待たないで。

この世界が「ありのままでいいよ」と
言ってくれるまで待たないで。

本当に必要なのは、
誰かからの「いいよ」じゃない。

自分からの「いいよ」だ。

だってたとえ誰かに
「ありのままでいいよ」と言ってもらっても、
自分自身がありのままでいることに
「いいよ」と言ってあげていなかったら、
きっとありのままで生きることは難しい。

だからもし、「ありのままで生きたい」と感じたら、
自分に言ってあげて。
誰かに求める前に、
自分で自分に言ってあげて。

「ありのままでいいよ」って。
「あなたのままでいいよ」って。

あなたもこの世界の美しさの一つ

この世界の美しさを
みんな知ってる。

この世界にあるものの美しさも
みんな知ってる。

だってね、みんなそれを見て、感じて、
それを知ってこの世界に来たんだから。

そして、なったんだ。

この世界の美しさの一つに。
この世界の美しさの中に、一人一人がいる。
一人一人が、この世界の美しさの一つ。
大きな一つで、
唯一無二の一つです。

「そうでなくてもいい」という選択肢

この世界にはいろんな人がいる。

そしていろんな人がいろんな考えを持っている。

その中には、

「こうでなければいけない」

「こうあるべき」

という考えを持っている人もいる。

そしてもしかしたらその人は、
その考えが

「みんなの正解」

「あなたの正解」

というふうに伝えてくれるかもしれない。

そういう人が近くにいなかったとしても、
時にこの世界では、
「こうでなければいけない」
というものを感じることもある。

だからこそ知っていてほしい。

どれを選んでもいいということを。


「こうでなければいけない」

「こうあるべき」

に従うことを選んでもいいし、
そこから外れる道を選んでもいい。

どちらのほうが正しくて、
どちらのほうが間違っているとかはないから。

ただもし今、

「こうでなければいけない」

「こうあるべき」

ということに違和感があったり、
苦しんでいたりしたら、

「そうでなくてもいい」

という選択肢を自分にあげて。

みんな自由に選んでいい。
生き方も、あり方も。
だって生きているのは、自分の人生だから。

どんな記憶もどんな想い出もつくることができる

人生は有限だ。

その有限の人生の中で命たちは、
無限に生き、無限に輝く記憶や想い出をつくる。

どんな記憶やどんな想い出を持ちたい？
遠くの未来、どんな記憶や想い出があったら嬉しい？
どんな記憶や想い出だったら微笑むことができる？

ある存在がこんなことを言っていた。

「人生は有限だけど、その有限の中にいる時は最強だよ！」って。

そう、最強！
だってどんな記憶もどんな想い出も
つくることができるから。

有限の人生の中で無限の可能性を持ったあなたは、
これからの人生をどう生きたい？

人生最期の日、どんなことを感じたい？

もし今、人生が終わったら、
「良い人生だった」と言える？

もちろん、どんな人生を生きたっていいし、
かならずしも「良い人生だった」と
思わなくちゃいけないわけではない。

それはその人の自由だから。

でも少し考えてみてほしい。

今、人生が終わったら、「良い人生だった」と言えるか。
もし、「言えないかも」と感じたら、
それはまだやれることがある
ということかもしれないから。

みんなに聴きたい。
人生を卒業した時、どんなことを感じたい？
どんなことを思いたい？
どんなことを言いたい？

それによって、
一日一日、一瞬一瞬の生き方は変わってくる。

生きている間に、
人生を卒業することを
ずっと考えていてほしいわけではない。

だけど、時々そうやって向き合ってみると、
自分の生き方を考えるよね。

人生は永遠ではないからこそ、
どう生きるか、
どう生きたいかを
選んでいくことって、
ものすごく大事。

がんばって生まれた人生だよ。

だからこそ、納得のいく生き方をして。

これから生まれてくる赤ちゃんが、地球に住む僕たちに伝えたいこと

赤ちゃんとお話しができるすみれちゃんに、
これからこの地球にやってくる赤ちゃんたちが
どんなふうに今の地球を見ているかを聞いてみました。

――これが最後の対談になるんだけど、すみれちゃんに聞きたいのは、未来からやってくる赤ちゃんからのメッセージなんだよね。すみれちゃんって最近も、お腹の中の赤ちゃんや、まだ空の上にいる赤ちゃんとお話ししているのかな?

すみれ うん、してるよ!

――だとすると、5年前にお話をした時に、地球は赤ちゃんにとって大人気の星だって

ことを教えてもらったんだけど、今はどうなんだろう？

すみれ　今でもすごく人気だよ！

みんな、地球にすごく魅力を感じてる。

――どういうところに赤ちゃんたちは魅力を感じてるのかな？

すみれ　全て（笑）。

――え？　全て？

こんなに生きづらい世の中なのに（笑）？

すみれ　うん、というか、そうやって「生きづらい」と思えることも、生まれてこそのことだし、地球に生まれて、生きてみないとそれは知ることはできない。

以前にも言ったけど、魂にとっては良い、悪いがないから。

全部が経験で、生きづらいことも含めて、それはもう魅力的なんだよね。

――そっか、赤ちゃんたちにはこの地球はキラキラした遊園地みたいな場所に見えてるんだね！

だとすると、そんな赤ちゃんたちにとって、人気のママっているの？　こんな人から生まれたい！　っていう、人気投票みたいな。

すみれ　それはない。ママの分だけ、そこに生まれてくる人生があって、一つ一つの経験だから、誰が一番特別ってことはないよ。

――みんな人気で、みんな特別だね。じゃあ、そんなこれから生まれてくる赤ちゃんたちが、未来のママたちに伝えたがっていることってあるかな？

すみれ　自分を生きてね！　ってことかな。「幸せになる」って言うと大きいことかもしれないけど、幸せを感じて生きていくことはやっぱり大事なことだから。

幸せは周りにも伝染していくしね。

例えば、自分が幸せになることで誰かに優しくなれたりとか、思いやりを持てたりとか。

だからやっぱりまずは自分が自分を幸せにすること。

でね、これもよくかみさまたちとかから来るメッセージなんだけどね……。

——うん、なになに？

すみれ　「自分は原点だよ」って。

一人一人がこの世界の原点。

全ての原点。

「相手を変えたければ自分が変わりなさい」とか、

「自分は世界の映し鏡だ」とかってよく言われるけど、

それとおんなじように、「自分は原点だ」ってメッセージがよく来る。

——あの人が悪いとか、

あの出来事さえなければ幸せだったとか、

そんなことを言う人がたくさんいるけれど、実は、それも含めて、自分が原点ってことだよね？

そういう意味で、幸せの源流は自分だってことだね。

だとするとすみれちゃん、そもそもな質問をしてもいい？

すみれ　うん、もちろん。

――「幸せ」って一体なんなんだろう?

すみれ　あったら嬉しいものかな。すごいシンプルに言うと。
美味しいもの食べることもそう。
大好きな人に会うこともそう。
応援してくれる人がいることもそう。
そして、この命があることもそう。
そんな時、幸せだなあって。
あって良かったたって。
嬉しいなあ、ありがたいなあって。
そう思えることが幸せなんじゃないかな。

――ほほー、幸せってそんなに大それたことじゃないんだね。

すみれ　そう。だから大事なのは、いつもそんなふうに幸せに気づける自分でいること。

やっぱり幸せに気づける状態の時って、心に余裕があったり、穏やかな時だったりすると思うから。

逆に切羽詰まってると、幸せを幸せだと捉えられないしね。

それは赤ちゃんも同じようなことを言ってるよ。

――もう少し詳しく聞かせてもらっていい？

すみれ 赤ちゃんって、生まれてきたくても、ママの状態によっては入ってこられない時があるの。

――入ってこられない？

すみれ ママの心の奥底に不安があったりとか、恐怖があったりとかすると、身体がキュッとなってしまって、お腹の中に入れなかったり、ママの不安を感じて、「ママが苦しまないように」ってお腹の中に入らない選択をする子もいる。

でも、そんなふうに入ってこられないママたちにも、安心してほしくて。

――安心していいのはなぜ？

すみれ そんな時ってね、魂がママや、ママの家族の応援団になることが多いの。

空の上から見守って応援団長として、応援してる。

——え——、すごい！

それはママも嬉しいね。

すみれ うん、でね、そんな魂たちを見ていてすごいなあって思うのが、その関係性が〝生まれる前〟なのにすでに家族なんだよね。

生まれたから家族じゃなくて、もうその時点で家族なの。

例えば、お腹の中に1回入って、上に戻ったっていう魂も、すでに両親のことを、「ママ」とか「パパ」って呼んでる。

もう家族なんだなって。

たとえ生まれてなかったとしても、見えない繋がりで確かに繋がってる。

——これは全てのママに聞かせたい話だね！

だからこそ、ここまですみれちゃんに聞いた通り、

生きていることそのものに感謝して、

そして、心地いいものを選び、

心地よくないものに気づき、
思いやりを持って過ごしていく。

そうすると、きっと良い未来はやってくるんだろうね。

すみれ　うん！

——では、すみれちゃん、最後に聞きたいんだけどね。これからすみれちゃんは、高校を卒業してどんどん大人になっていくわけだけど……、
どんな大人になりたいなあっていう未来予想図はあるのかな？

すみれ　最近、いろんなところで聞かれる（笑）。

どんな職業を目指してるの？　とか、
進路はどうするの？　って。

——そ、そうだよね。

すみれちゃんの中で、その質問に対する答えは見つかってるの？

すみれ　うん、色々考えたけど、結果的に、たどりついた答えがあってね。

——それは何？

すみれ　いっぱい楽しみたい！　ってこと。もう、いろんなことを楽しめたらいいなって。結果的に。

――一度きりの人生だしね。

すみれ　色々考えたんだけど、結局はいろんなことを楽しめる人間になれたらいいなって、それが答えだった。喜びを喜べたり、幸せを感じられたり。

――ちなみにこれから、メッセンジャーとしての活動はどうするの？

すみれ　それはかみさま次第。やっぱり、かみさまとか、天使さんとか、地球さんとか、宇宙さんとか、見えない愛の存在たちから、お伝えしなさいと言われたところから始まってるので。もし、その存在たちから「もうやめる時期だよ」って言われたら、その時はきっぱりやめる。必要なメッセージがある限りは続けるよ！

――これからのすみれちゃんも楽しみだなぁ。

ぜひまたゆっくりお話、聞かせてね！

すみれ　うん、もちろん！

――たくさんの楽しいお話を聞かせてくれて、ありがとうございました！

もちろん様々なメッセージが、
すみれちゃんから発信されているけれど、
やはり、5年経ってもなお
すみれちゃんの言っていることは
何一つ変わることはなかった。

詰まる話、きっと彼女が、そしてかみさまが
伝えたがっているのは
この一言に帰結するのではないだろうか。

人は、生きてるだけですばらしい。

これだけだ。

そもそも生きているだけではダメだと
責め立てられる、シマウマやライオンは、
この世に存在するだろうか。
咲いているだけで無能の烙印を押される
チューリップやバラは？
いいや、存在しない。

人間だけが、なぜか今日も、
生きてるだけでは無意味と思わされながら、
生きている。

生きてるだけで100点だ。
それだけで100点。

もしも、すごいことを成し得たなら、
そこに追加点が足されるだけ。

全人類がこの世に命を授かった時点で、
満点であることは確約されている。
そしてそれはあなたも例外ではない。

すみれからのラストメッセージ
「未来をつくるのは私たち」

未来はどうなるのだろう。
この世界はどうなっていくのだろう。

あるかみさまに聴いてみたことがある。
「これからこの世界はどうなりますか？」と。

そのかみさまはこう言っていた。
「それは誰にも分からない」と。

これからこの世界がどうなっていくのか、
それは誰にも分からないこと。
なぜなら未来は常に変化しているから。

たとえ未来が分かったとしても、
数分後には変わっているかもしれない。
明日にはちがう未来かもしれない。
だから本当にどうなるかは分からない。

でもかみさまは、
「その分からないというのも、一つの可能性」
と言っていた。

「分からないからこそ、
どんな未来にもすることができるから」と。

未来を知りたいという人は多いと思う。

未来を知ると、今、自分がやれることを
見つけられたりするかもしれないし、
「これからどうなるか分からない」
という不安はなくなったり、
未来によっては勇氣や安心に繋がったりするかもしれない。

でも未来を知ることによって、
どこまでも広がっている
未来の可能性を狭めてしまうこともある。

未来はつくっていけるのに、
未来を知り、「それが未来なんだ」と思い、
未来を自由に思い描くことや、
つくろうとすることを
自然とやめてしまったりすることもある。

そしてその未来に意識がいきすぎて、
未来やこの世界をつくっていける可能性を持っているのに
それを生かすことなく、
むしろその可能性を狭めてしまうこともある。

本当はみんな、この世界をどんな世界にもしていける。

どんな未来もつくっていける。
その力を持っている。

この世界をつくっていくのは、
この世界に生きる者たち。

この世界をつくっていけるのは、
この世界に生きる者たちだけ。

未来は、一人一人がつくっていく。

未来はもともと真っ白で、
まだ何も描かれていない。
白いキャンバスと一緒。

そこに描いていくのが、
この世界に生きる者たち。

一人一人の行動や生き方で、
未来は描かれ、つくられる。

未来を待つのではありません。
つくっていくんです。

この世界に生きるみんなは、
「未来は、どうなるの？」の立場というよりも、
「未来を、どうするの？」の立場にいる。

映画で次の展開を待つお客さんのように、
「この次どうなるんだろう？」ではなく、
「この次どうする？」という、
次の展開をつくる側。

『これからの世界』を待つのではなく、
『これからの世界』をつくっていく。

この世界に生きる全ての命が
それをすることができるから。

この世界の未来は、
一人一人の中にあります。

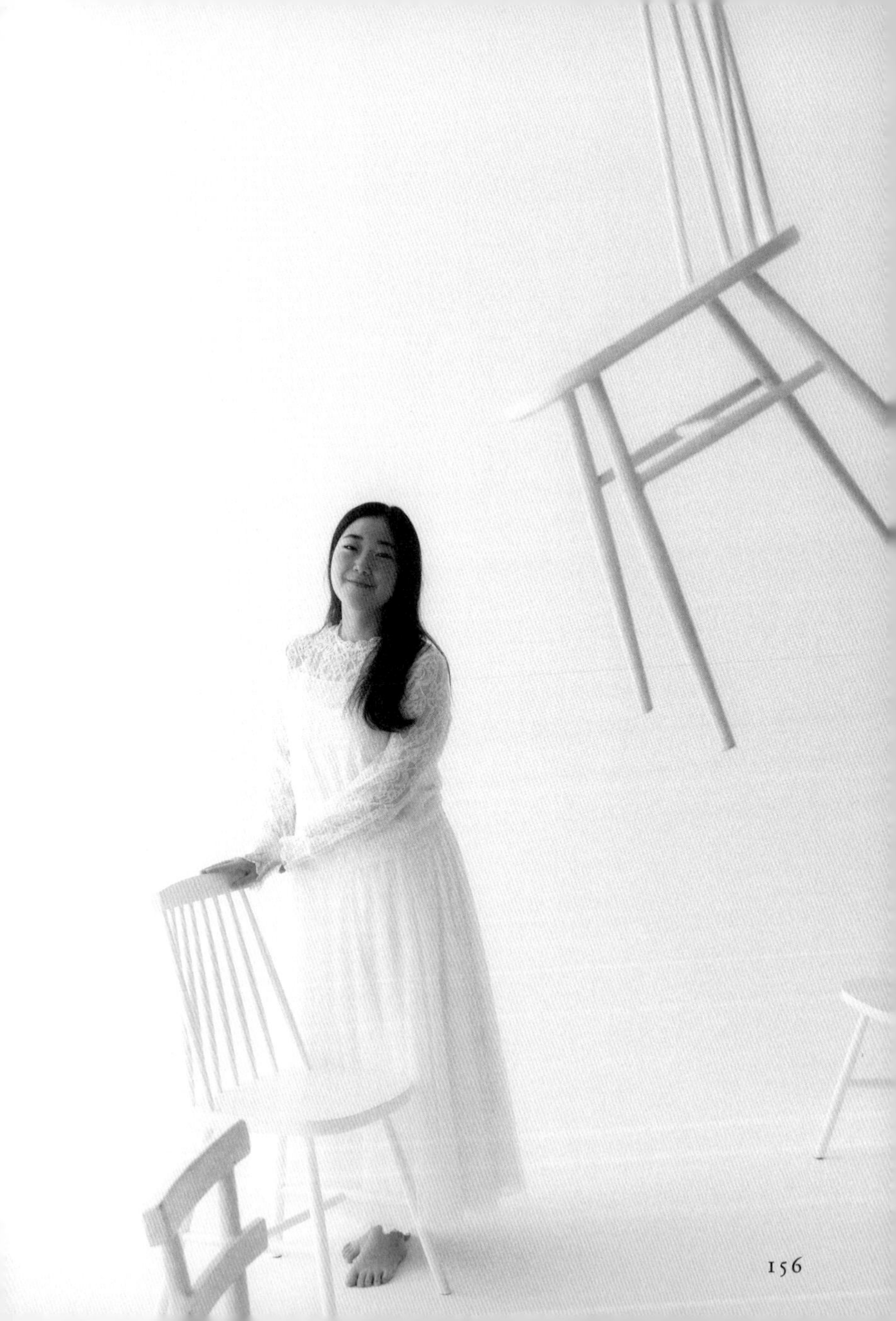

すみれ

かみさまのことたまメッセンジャー。

2007年生まれ。かみさま、天使さん、地球さん、宇宙さんなど、見えない愛の存在たちや、石さん、あかちゃん、お腹の中のあかちゃんたちとお話しができ、その代弁者として8歳から活動を開始。現在、ライフパートナーの“ゆき”と共に世界中へ発信を続けている。

著書『かみさまは小学5年生』『かみさまは中学1年生』（共にサンマーク出版）は、累計発行部数50万部超えの大ヒット。外国語にも翻訳され、海外にも広まっている。

その他の著書に、Dougall Fraser氏との共著『かみさまに、どうしても聞きたい30のこと。』（Clover出版）、穴口恵子氏との共著『あたらしい神話』（サンマーク出版）、すみれ&ゆき初共著『あなたへ手紙を書きました。かみさまより』（KADOKAWA）がある。

シンプルでありながら誰の心にも響く言葉や、愛で包まれるようだと大好評の歌声などを通じて発信し続け、世界中の幅広い層の方から応援を得ている。

すみれ&ゆきブログ『ありがとう!!!』
https://ameblo.jp/999marira999

この本に登場するお話は、
すべて実話です。

デザイン　山田知子（chichols）
写真　コバヤシモトユキ
スタイリング　石村英理
校正　ペーパーハウス
本文 DTP　朝日メディアインターナショナル
編集　岸田健児（サンマーク出版）

かみさまは
高校２年生

2023 年 11 月 10 日　初版印刷
2023 年 11 月 20 日　初版発行

著者　すみれ
発行人　黒川精一
発行所　株式会社サンマーク出版
〒 169-0074
東京都新宿区北新宿 2-21-1
（電話）03-5348-7800
印刷・製本　株式会社暁印刷

ISBN978-4-7631-4092-0　　C0036
ホームページ　https://www.sunmark.co.jp